FRIDA KAHLO

100 MINUTOS
para entender
FRIDA KAHLO

astral cultural

Editora Natália Ortega
Editora de arte Tâmizi Ribeiro
Coordenação editorial Brendha Rodrigues
Preparação de texto Maria Teresa Cruz e Esther Ferreira
Produção editorial Manu Lima e Thaís Taldivo
Ilustração capa Bruna Andrade
Revisão crítica Dara Medeiros
Capa Agência MOV

Dados Internacionais de Catalogação na Publicação (CIP)
Angélica Ilacqua CRB-8/7057

C386

100 minutos para entender Frida Kahlo / Astral Cultural.
— São Paulo, SP : Astral Cultural, 2025.
112 p. (Coleção Saberes)

ISBN 978-65-5566-593-2

1. Pintoras – México – Biografia 2. Kahlo, Frida, 1908- 1954
- Biografia I. Astral Cultural II. Série

24-5478 CDD 927.5

Índices para catálogo sistemático:
1. Pintoras – México – Biografia

BAURU
Rua Joaquim Anacleto
Bueno 1-42
Jardim Contorno
CEP: 17047-281
Telefone: (14) 3879-3877

SÃO PAULO
Rua Augusta, 101
Sala 1812, 18° andar
Consolação
CEP: 01305-000
Telefone: (11) 3048-2900

E-mail: contato@astralcultural.com.br

SUMÁRIO

APRESENTAÇÃO

"Nada é absoluto. Tudo muda,
tudo se move, tudo gira,
tudo voa e desaparece."

Frida Kahlo

O que faz de uma pessoa alguém verdadeiramente icônico? Como se mede o legado de um artista ou a importância de determinada figura histórica? Será mesmo possível fazê-lo?

Essas perguntas são extremamente fundamentais quando vamos nos debruçar sobre a vida e a obra de qualquer um, mas especialmente quando falamos de alguém com o impacto artístico e cultural como o de Frida Kahlo. Afinal, trata-se de uma personalidade indissociável de seu contexto, inclusive por ser profundamente ligada à política de seu tempo, mas cujas obras, história e legado passaram a ganhar a devida atenção e notoriedade apenas muitos anos após a sua morte, ocorrida em 1954.

Tanto a "Frida artista" quanto a "Frida personalidade histórica" ganharam popularidade com o tempo, assim como outras artistas mulheres do passado. Aliás, em seu obituário no *The New York Times* constava "Frida Kahlo, artista, esposa de Diego Rivera" — algo que hoje reconhecemos como nada menos do que uma descrição reducionista, pois Frida Kahlo foi muito mais do que isso. Sua produção artística seria redescoberta apenas em meados da década de 1980, com o lançamento da biografia de Frida Kahlo pela escritora Hayden Herrera, que acabou se tornando um grande sucesso editorial e, com isso, fonte de inspiração para o famoso filme lançado em 2002, *Frida*.

Hoje, são objetos de estudo os diários de Frida Kahlo, mais de 140 pinturas, além de praticamente tudo que produziu em outras mídias, artefatos e objetos — e também a sua própria vida, é claro. Tornou-se ícone da cultura pop e inspiração para coletivos acadêmicos, páginas on-line de conteúdo e feministas ao redor do mundo.

Esse fascínio contemporâneo não é surpresa, haja visto que as pautas que foram tão caras a Frida, do ponto de vista pessoal e também político, são pontos focais de discussão na sociedade atual. Enquanto mulher forte e livre, feminista, comunista, miscigenada, anticolonialista, bissexual e profundamente intelectualizada, Frida era também dotada de magnetismo e energia que encantavam (ou incomodavam) quem estivesse ao seu redor.

Sob certa perspectiva, tratar da personalidade Frida é tocar essencialmente em uma vasta variedade de experiências: sobre ser latino-americano, sobre capacitismo, sobre ancestralidade, sobre gênero e sobre sexualidade — a partir da vida de uma pessoa que, de fato, existiu em uma época que esses debates não tinham praticamente alcance algum. Não à toa, Frida Kahlo é frequentemente considerada uma pessoa à *frente de seu tempo*.

É difícil determinar ao certo se Frida se tornou famosa pelo pensamento à vanguarda, por agir com coragem para enfrentar circunstâncias de que ela discordava ou pela singularidade de suas obras.

Hoje em dia, ela se tornou um ícone para muitas pessoas justamente por essa característica multifacetada de sua personalidade e atuação, refletida em sua própria arte, mas não somente nela. Basta olharmos seus principais temas retratados em sua produção artística para chegarmos à essa conclusão: ela mesma, sua dor, seu tempo e seu México.

É um corpo de obra urgente, por trazer à tona temas tão sensíveis à sociedade, e absolutamente latino-americano, ao retratar de forma magnífica a cultura emblemática de seu país.

Um fato que marcou sua vida foi a presença constante de dor física e também de ininterruptos problemas ligados à sua saúde. Esse sofrimento confinou Frida por boa parte de sua existência. Foi justamente esse confinamento que a levou a largar os estudos na área médica a fim de começar a pintar.

Dessa forma, é fácil reduzir essa produção a uma representação artística da dor, entretanto, essa seria uma leitura superficial. Frida nunca abriu mão de suas leituras e da política, nem de seus amores — todos esses elementos essenciais em sua arte.

Essas diferentes faces mostram que nada em Frida Kahlo é fixo: na artista, coexistem a dor e a paixão, a força e a vulnerabilidade, e assim ela oferece espaço para que cada sentimento invada sua obra. Em suas próprias palavras: "Nada é absoluto. Tudo muda, tudo se move, tudo gira, tudo voa e desaparece".

1

BIOGRAFIA

"Cada tic-tac é um segundo da vida
que passa, foge, e não se repete.
E há nele tanta intensidade, tanto interesse,
que o problema é só sabê-lo viver.
Que cada um o resolva como puder."

Frida Kahlo

Magdalena Carmen Frieda Kahlo y Calderón nasceu no dia 6 de julho de 1907, terceira filha de uma união multicultural e multiétnica latino-americana: sua mãe, Matilde Calderón y González, era fervorosamente católica e de ascendência dividida entre espanhóis e o povo Tehuana, originário da região e descendentes dos zapotecas, uma das civilizações mais desenvolvidas da América pré-colombiana. Seu pai, Guillermo Kahlo, era um fotógrafo de origem alemã, que Frida dizia ser filho de judeus húngaros, ateu convicto e amante da música e da literatura.

Era uma família grande, formada essencialmente por mulheres e, a seu modo, tipicamente latino-americana, miscigenada. As referências étnicas e culturais diversas de sua família e de seu país, que mudava rapidamente, marcariam nos anos futuros a produção artística de Frida, assim como sua forma de se vestir.

A Casa Azul

A família Kahlo vivia em Coyacán, antigo distrito comercial da porção sul da Cidade do México, naquela que seria a famosa "Casa Azul", nome pelo qual também é conhecido o Museu Frida

Kahlo. A casa tornou-se famosa por ter sido tanto o local de nascimento como de morte de Frida — que nunca viveu uma vida confortável, mas viria a se tornar uma das mais importantes artistas da história.

De seu nascimento em diante, sua vida foi povoada de desafios físicos. Segundo pesquisadores, Frida veio ao mundo com uma condição chamada espinha bífida, que afeta a coluna vertebral e resulta em dores crônicas.

Aos seis anos também foi diagnosticada com poliomielite, condição que afetou especialmente sua perna esquerda. Vale destacar que essa era uma doença potencialmente letal no início do século XX, época em que Frida viveu. A junção dessas duas condições trouxe desde cedo para seu cotidiano uma experiência recorrente de dor, limitações e tratamentos médicos incessantes. A circulação comprometida da perna manteve-a enclausurada por muitas vezes, afastando-a dos estudos e da vida social.

Frida descreveu a sua infância como frequentemente triste, marcada pelo relacionamento difícil entre ela e a mãe, que vivia um casamento sem amor com seu pai, e pelo ressentimento por suas dificuldades físicas. Inclusive, ela sofreu muito bullying por causa de sua perna, algo que agravou a solidão de sua infância.

Em 1938, pintaria o quadro *Quatro habitantes do México*. Nessa obra vemos quatro personagens principais: uma mulher grávida, um trabalhador, um esqueleto e uma pequena criança indígena (que simboliza o passado de Frida), esta última sentada nas sombras. Essa pintura representa um mapa abstrato da complexidade e diversidade da vida em seu país, assim como um lembrete da solidão e impotência que sentiria ao longo de toda a sua vida.

Ainda assim, era uma criança vivaz, rebelde e inteligente, que se esforçava muito para praticar o máximo que podia de atividades esportivas, sob recomendação médica, inclusive aquelas que não eram convencionais às mulheres de um país tão conservador, como futebol, natação e boxe. O desafio às normas de gênero aparece cedo na vida de Frida, que desde jovem aparecia frequentemente vestida com roupas consideradas masculinas em fotografias da família.

Liberdade para ser quem é

No futuro, Guillermo Kahlo se lembraria de que Frida sempre quis ser ela mesma, uma pessoa dotada de personalidade e autonomia. A filha também se mostraria atenta aos movimentos em curso no país, à beira de uma revolução.

Iniciada em 1910, a Revolução Mexicana teve duração de uma década e deixaria uma marca indelével em Frida e em seus contemporâneos, em particular a população jovem e os intelectuais da época.

Cercada de dificuldades físicas e até mesmo financeiras, Frida ainda assim crescia e iniciava uma adolescência animada, frequentando festas populares e a efervescente vida cultural mexicana. Ela amava a comida local e os trajes típicos dos Tehuana, que aprendeu a tecer e usar com sua mãe. A arte entraria em sua vida a partir de sua comunidade e também por intermédio de seu pai, que era culto e insistia em oferecer educação em ciências, literatura e filosofia, para além da fotografia e do desenho, com o intuito de educar uma filha livre e emancipada. No futuro, ele apoiaria a carreira e celebraria a coragem e autonomia de sua amada Frida.

A jovem Frida Kahlo tardou a entrar na escola, em razão de seus problemas de saúde, mas logo se mostrou uma aluna brilhante, que chamava atenção com o vasto repertório adquirido em casa, apesar de ser notadamente rebelde. Existem rumores de que foi expulsa de sua primeira escola, tendo seus pais precisado matricular a filha em outra instituição de ensino, após uma polêmica envolvendo uma professora — que escreveu cartas comprometedoras para Frida.

Sua rebeldia, entretanto, não a impediu de se destacar academicamente e, em 1922, foi aceita na Escola Nacional Preparatória do Distrito Federal do México, instituição de amplo destaque (para muitos, a melhor do país), que passou a aceitar mulheres após medidas políticas promovidas pelo presidente Álvaro Obregón.

Assim, Frida integrou a primeira geração de alunas, e foi a primeira de suas irmãs a não ser educada em um convento. Foi nesse ambiente que ela cresceu, em contato com as mais diversas referências intelectuais e indivíduos notáveis, participando de debates político-sociais e desenvolvendo a própria identidade e sexualidade.

Ainda que seu objetivo inicial fosse o de um dia tornar-se médica, isso nunca a impediu de transitar pelas diversas áreas do conhecimento, enquanto mulher politizada e simpática à esquerda radical, à literatura e às artes.

Por mais que sua saúde tenha se revelado um obstáculo ao exercício da liberdade, Frida demonstrou, ao longo da vida, coragem para lidar com as diversas atividades em que se envolveu.

Los Cachuchas

No mesmo ano em que ingressa na Escola Preparatória, Frida torna-se membra do grupo Los Cachuchas. Fundado em 1921 por jovens interessados no movimento vanguardista mexicano chamado *estridentismo*, o grupo explorava desde a literatura até a fotografia e a pintura.

O estridentismo tinha como inspiração as estéticas do futurismo, cubismo e dadaísmo, além de referenciar artistas como Modigliani, que não pertencia a nenhum movimento em específico, mas influenciaria os futuros autorretratos de Frida Kahlo.

O movimento Los Cachuchas era composto de poetas, prosadores, jornalistas, ensaístas, dramaturgos, pintores, desenhistas, fotógrafos e músicos que rejeitavam regras e instituições que limitassem suas intenções artísticas, em uma espécie de defesa radical da liberdade de criação.

Também era um grupo composto de pessoas politicamente engajadas, em sua maioria comunistas — assim como Frida por toda sua vida. Seria por meio desse grupo que ela conheceria Alejandro Gómez Arias, seu primeiro namorado, que viria a se tornar um jornalista importante e líder do movimento pela autonomia universitária.

O acidente

No dia 17 de setembro de 1925, Alejandro e Frida voltavam de ônibus da escola, quando um bonde elétrico colidiu com o veículo que tentava ultrapassá-lo. O bonde atingiu em cheio a lateral do ônibus lotado e os arrastou pela rua, destruindo tudo pelo caminho. Muitos dos passageiros e pedestres foram feridos ou morreram na hora. Entre os poucos sobreviventes da tragédia estavam Alejandro, com ferimentos leves, e Frida severamente ferida. Uma barra de ferro havia empalado a jovem, atravessando sua pélvis e saindo pela vagina. No futuro, Frida diria que fora atravessada da forma que uma espada perfura um touro.

O acidente resultou em um deslocamento do ombro, uma perfuração do abdômen e do útero, uma fratura na clavícula, uma na pélvis e em três vértebras de sua coluna, além de diversos ossos do seu pé e cerca de onze fraturas na perna direita. Fora um acidente extremamente sério e sua sobrevivência foi considerada, ao mesmo tempo, o milagre e a maldição que iniciaria sua carreira como artista.

Após o acidente, Frida ficaria por um mês hospitalizada entre a vida e a morte e seria submetida a aproximadamente 35 cirurgias. Quando sua situação se estabilizou e ela pôde voltar para casa, enfrentou um longo período acamada. Ao longo desses meses, teve de usar um colete imobilizador e tolerar dores excruciantes.

A recuperação demorada em condição de clausura forçou-a a largar os estudos — Frida não poderia mais seguir com seu sonho de ser médica. O acidente a levou, novamente, a experienciar dor e limitações que acabariam por interromper seus planos.

Para vencer o tédio

Para que ela se ocupasse durante os momentos intermináveis de tédio que enfrentava em seu leito, a família a ajudou a começar a pintar. Ela já tinha o domínio técnico e a experiência necessárias, pois fazia ilustrações médicas, e seu pai também possuía materiais de pintura em casa.

Para tornar viável o ato de pintar para a jovem imobilizada, a mãe de Frida construiu uma estrutura de cavalete suspenso ao alcance da cama. Ali ela conseguiria pintar mesmo deitada e praticamente imóvel.

No quarto de Frida não havia muitos objetos a retratar. A mobília não ia além de um espelho no qual encontrava o seu reflexo — não é de se espantar que sua primeira obra importante tenha sido um autorretrato (o primeiro de muitos). Ao longo de seus meses de recuperação, a pintura virou um importante espaço de introspecção, onde ela podia mergulhar em si mesma e investigar-se de maneira profunda e honesta. Essas características estariam para sempre presentes em suas obras. Em seu diário, Frida justifica o autorretratar: "Eu sou minha única musa, o assunto que conheço melhor".

Nos anos que se seguiram ao acidente, dedicou-se ferozmente ao processo de reabilitação e seguiu com rigor os, muitas vezes malsucedidos, tratamentos. Ainda que tivesse de lidar com dores crônicas e problemas sérios na coluna, que exigiam o uso de cadeira de rodas, seu esforço se provou recompensador e Frida conseguiu voltar a andar, pois, surpreendentemente, não houve dano à medula.

Frida e Diego

Assim que obteve autorização para sair da clausura do lar, voltou a frequentar os ciclos sociais que amava e o México que lhe era tão caro. Em meados de 1927, aos vinte anos, filiou-se à Liga da Juventude Comunista e seguiu engajada nas causas sociais de seu país. Como artista, entretanto, ainda não havia dado os próximos passos.

Nesse ponto, ela trabalhou com ilustrações médicas e estenografia. Uma mulher muito realista e ciente dos custos médicos com os quais teria de lidar por toda a vida, antes de se tornar artista, precisava saber se, de fato, conseguiria viver com os proventos de sua arte ou se deveria dedicar-se a outras atividades. Foi justamente esse questionamento que levou Frida a procurar, em 1928, um famoso pintor de nome Diego Rivera.

Diego María de la Concepción Juan Nepomuceno Estanislao de la Rivera y Barrientos Acosta y Rodríguez nasceu na cidade de Guanajuato, no México, em 8 de dezembro de 1886, e foi um dos maiores artistas da história do país, membro proeminente do muralismo mexicano.

O primeiro contato entre Diego e Frida havia ocorrido anos antes do acidente, quando ela tinha apenas quinze anos.

Na ocasião, Diego fora contratado para pintar um mural no anfiteatro Simón Bolivar, da Escola Preparatória, e Frida, que era fascinada pelo trabalho de Diego, gostava de espiá-lo trabalhando no mural. Em certa ocasião, a garota teria colocado um sabonete na escada em que ele trabalhava para pregar uma peça, e depois tirou sarro da queda do artista. Entretanto, àquela época, Diego a ignorara por ser apenas uma criança.

Em 1928, recuperada de seu acidente e uma mulher adulta, Frida fora atrás de Diego quando descobriu que ele estava pintando outro mural, dessa vez na Secretaria da Educação da Cidade do México.

Em um primeiro momento, passou a assistir ao trabalho do artista e estudá-lo com distância respeitosa, mas não tardou a abordá-lo. Revelou admirar seu trabalho e disse acreditar que ele poderia sanar sua dúvida a respeito da viabilidade de uma vida como artista. Diego a ignorou de início, mas logo reconheceu a jovem faceira que o importunou tantos anos antes e acabou cedendo ao pedido da moça para que avaliasse seu trabalho.

Após uma visita à sua casa, Diego ficou impressionado, tanto pela qualidade de Frida como artista, quanto pela autenticidade de suas obras. Disse-lhe que, em sua opinião, independentemente de quaisquer dificuldades que ela pudesse enfrentar, deveria continuar pintando. O contato de Diego com as obras de Frida rejuvenesceria seu amor pelo próprio trabalho, tamanha a comoção do artista pela paixão que ela trazia em seus quadros.

Quase que no mesmo instante, Frida tornou-se musa de Diego e vice-versa, e esse afeto tão profundo resultou em matrimônio.

Os pais de Frida foram contrários à relação no início, e chegaram a dizer que o casamento fazia tanto sentido quanto o casamento de uma pomba com um elefante. Ainda assim, eles se casaram em 21 de agosto de 1929, com Frida usando um vestido emprestado de sua empregada doméstica.

A cerimônia, no entanto, contou com uma surpresa: a ex-mulher de Diego, Lupe Marín, apareceu bêbada, avisando que Frida estaria cometendo um erro e nunca seria capaz de saciar todas as vontades do artista. Seria um alerta do que viria a acontecer na história dos dois.

Mexicanidad

Frida e Diego foram um casal muito envolvido na efervescente vida cultural do México e, portanto, contribuiram, com suas vidas e produções, para uma nova compreensão da *Mexicanidad,* que, para além do sentimento de orgulho de ser mexicano, foi um movimento socio-político e de renascimento cultural que tinha como principal foco uma busca por uma identidade Mexicana que se voltava para as comunidades da América pré-colombiana e seu passado. Diego prosperava em seus murais e Frida desenvolvia rapidamente o próprio estilo, misturando simbologia religiosa e política, elementos renascentistas e um tipo próprio de surrealismo.

O surrealismo europeu era voltado para o universo da psique e dos sonhos, enquanto o objeto de Frida era a sua experiência do real. Ela e outros artistas do Mexicanidad eram também profundamente engajados na política nacional, sendo Diego membro ativo do Partido Comunista do México.

Diego tinha imenso interesse pelo passado pré-hispânico do país, assim como pela recuperação da história e cultura locais — preocupações que influenciaram Frida. O casal viajou em busca de peças e objetos artísticos ligados a tal passado, colecionando-os e preservando-os.

Foi por meio dessas caças ao tesouro que Frida descobriu as raízes ancestrais de culturas que estavam ligadas a seu passado — mais especificamente a sua mãe, originalmente Oaxaca e de ascendência ligada ao istmo de Tehuantepec, uma região ocupada por uma sociedade de cultura matriarcal. Frida fez questão de representar elementos deste México em suas roupas e seus adereços, inspirada por essas mulheres que eram conhecidas por sua confiança, poder e beleza.

Um relacionamento conturbado

O casal vivia uma vida agitada e, ainda que o conforto material oferecido por Diego possibilitasse a Frida cuidados de qualidade, sua saúde seguia inconstante. Em 1930, ela ficou grávida, mas sofreu seu primeiro aborto espontâneo — o prognóstico era o de que ela provavelmente nunca seria capaz de gestar uma criança, o que a entristeceu profundamente. Frida queria filhos desde jovem, chegando a confidenciar a uma amiga nos tempos de escola que, um dia, se casaria com Diego e teria seus filhos.

Apesar do evidente afeto nutrido um pelo outro, o relacionamento entre Frida Kahlo e Diego Rivera pode ser considerado um assunto delicado. Se por um lado, um parece ter sido o amor da vida do outro, por outro, a relação passou por muitas dificuldades. Diego acreditava ser impossível manter-se fiel e estava casado quando começou sua relação com Frida — o que explica o episódio de Lupe no casamento. Ele era radicalmente contra qualquer restrição de sua liberdade e muitas vezes, em momentos de desgaste, simplesmente ausentava-se.

Frida também tinha um histórico de traição, sendo essa a causa de seu término com Alejandro e, a contragosto, aceitou o comportamento de Diego e passou a ter, ela mesma, relações extraconjugais — tanto com homens quanto com mulheres.

Anos solitários

Por volta de 1931, com a crescente popularidade da Mexicanidad no cenário internacional, Diego foi requisitado para pintar murais nos Estados Unidos, o que levou o casal a se mudar para o país vizinho. Moraram em São Francisco, Detroit e Nova York intermitentemente. Diego estava feliz, mas Frida se entristecia por estar longe de casa. Os anos passados no estrangeiro foram solitários para ela. Para além da amizade que desenvolveu com seu médico de São Francisco e eventuais casos extraconjugais, a vida social era limitada aos ciclos da elite norte-americana, que ela desprezava, em razão de um sentimento anti-imperialista.

Em 1931, escreve para seu médico, dr. Eloesser: "A alta sociedade daqui me deixa muito desanimada, e sinto um pouco de raiva desses ricos, já que vi milhares de pessoas na mais terrível miséria sem nada pra comer e sem lugar pra dormir, que é o que mais me impressionou aqui, é horrível ver esses ricos dando festas dia e noite enquanto milhares e milhares de pessoas morrem de fome.".

Eloesser e Frida seriam amigos por toda a vida, trocando correspondências às quais ela sempre iniciava com um carinhoso "querido doctorcito". Ela também o presenteou com um autorretrato após um de seus muitos tratamentos.

A aversão às elites locais, somada ao desdém da mídia estadunidense ao seu trabalho e às dores constantes de úlceras que apareciam em seus pés, foram aspectos que dificultaram a vida de Frida fora de seu país. Ela continuaria sempre a desprezar a "gringolândia", como denominava os Estados Unidos da América.

Em 1933, Diego Rivera envolveu-se em uma polêmica que colocaria um fim à permanência do casal nos Estados Unidos. Tudo começou com um pedido inusitado de trabalho feito por John Rockefeller, membro de um dos maiores impérios capitalistas da época, que encomendou um mural do artista para um dos maiores símbolos do capitalismo estadunidense, o Rockefeller Center.

Diego, historicamente comunista, resolveu aceitar o trabalho sob a premissa de que poderia fazê-lo livremente — com o cliente sabendo que ele costumava incorporar a iconografia comunista em suas obras. Porém, quando a obra estava perto de ser finalizada, os Rockefeller notaram um pequeno detalhe que os revoltou: Vladimir Lênin estava representado entre os personagens da pintura. O muralista se recusou a comprometer sua visão artística e não aceitou remover a imagem do líder da Revolução Russa.

O tema da obra era "a encruzilhada da humanidade" e, ironicamente, o conflito com os Rockefeller terminou com a destruição completa do trabalho, que ele pintaria em outro local cerca de um ano depois.

De volta ao México

Após o episódio, Frida decidiu, no final daquele ano, que era hora de voltar para o México, e Diego concordou — mesmo que a contragosto, já que era feliz no país vizinho. Assim que retornaram à terra natal, estabelecendo-se na Cidade do México, contrataram um arquiteto pioneiro da abordagem funcionalista e também amigo da família, Juan O'Gorman, para construir uma casa especial para ambos. Atualmente, a casa é a sede do Museu Casa Estúdio, também chamada de Casa de San Ángel (por ser localizada no bairro homônimo), e é até hoje um importante patrimônio arquitetônico, artístico e histórico para a capital mexicana.

A casa construída por Juan O'Gorman é uma construção dupla, que incorpora aspectos da obra de Le Corbusier a um estilo mexicano mais orgânico, com duas casas interligadas ao meio por uma ponte, o que permitia a privacidade que tanto Frida quanto Diego precisavam para seus estúdios e vidas pessoais. Eles chegariam à residência em janeiro de 1934 e lá morariam até 1939 — anos muito prolíficos artisticamente e de intenso convívio do casal na vida cultural mexicana.

Lá, ainda que nunca tenha sido disciplinada em sua produção artística, Frida pintaria algumas de suas mais importantes obras. A intermitência na sua atividade era natural, pois a vontade de criar dependia de como ela se sentia com relação àquilo que estivesse passando em seu cotidiano.

A pintura, para além de sua profissão, era uma atividade íntima, pessoal e urgente.

Ainda em 1934, a situação de saúde de Frida piorou com outra gravidez que terminou em aborto. Dois anos depois, ela precisou passar por uma nova cirurgia no pé direito, na qual teve os dedos amputados e sofreu com fortes dores na coluna. Ela piorava a cada dia.

O pior dos acidentes

No mesmo ano em que se mudaram, a paz do casal foi interrompida após Frida experienciar sua maior decepção: ela flagrou Diego Rivera tendo relações sexuais com sua irmã mais nova, Cristina, no estúdio das Casas Gêmeas.

Cristina havia sido casada e tinha dois filhos, mas já estava divorciada quando Frida voltara ao

México. Até então, elas tinham um ótimo relacionamento e, com frequência, Cristina servia de modelo para ambos os artistas — por sugestão de Frida, que a estimulou a trabalhar também como secretária de Diego. Eventualmente, ela se tornaria a modelo favorita de Diego, que passou a pintá-la nua. Essas sessões logo se desenvolveram em um relacionamento extraconjugal.

Apesar de não existir um consenso exato sobre a duração da relação, acredita-se que o caso entre os dois durou cerca de seis anos, o que foi especialmente doloroso para Frida. Sobre esse fato, escreveria em seu diário: "Sofri dois grandes acidentes em minha vida: o bonde e Diego. Diego sem dúvida foi o pior deles.".

Esse foi um momento sombrio para toda a família. Sobre os casos extraconjugais, anos mais tarde, em uma entrevista a Elena Poniatowska, Diego afirmou: "Tive a sorte de amar a mulher mais maravilhosa que já conheci. Ela era poesia e a própria genialidade. Infelizmente, eu não soube amar somente a ela, porque sempre fui incapaz de amar uma única mulher".

Mesmo com a traição ocorrida em seu lar, Frida reatou com Diego em 1940 e ambos celebraram um segundo casamento no dia 8 de dezembro, após um ano de divórcio.

Em abril de 1941, Guillermo Kahlo falece após um ataque cardíaco, o que deixou a artista arrasada. Em suas anotações pessoais, Frida disse sobre ele: "Meu pai foi para mim um grande exemplo de ternura, de trabalho... e acima de tudo compreensão de todos os meus problemas.". Guillermo sofria com epilepsia, uma condição vista com muito preconceito na época, então sempre compreendeu e teve especial atenção com Frida, desenvolvendo entre ambos uma relação de muito amor. A perda a deprimiu de modo profundo e a partir desse ponto ficou cada vez mais confinada ao lar, o que fez com que ficasse mais debilitada fisicamente — momento que ficou refletido em suas obras.

A primeira mexicana no Louvre

Em 1939 a pintora conhece André Breton. Fascinado pelas obras de Frida, ele passou a divulgá-la como artista pela Europa, além de apresentá-la a alguns dos artistas mais importantes do Velho Continente, como o surrealista espanhol Juan Miró e o dadaísta francês Marcel Duchamp (o único que Frida acreditava ter algum juízo). Breton acabou organizando uma exposição de arte mexicana em Paris, trazendo muitas obras da artista. Frida Kahlo foi a primeira artista mexicana do século XX a entrar no acervo do Louvre.

Sobre essa exposição, o importante pintor russo e teórico da arte, Wassily Kandinsky, escreveu em uma carta enviada aos artistas Anni e Josef Albers: "Ela esteve lá pessoalmente, usando um vestido mexicano; era fascinante. Parece que sempre se veste assim. Havia muitas outras mulheres de visual excêntrico, o espírito de Montparnasse, mas nenhuma delas chegava aos pés do vestido mexicano.".

Os icônicos vestidos da artista serviam tanto como declaração de sua identidade nacional e ancestralidade quanto a um objetivo prático, que era ocultar suas pernas cada vez mais comprometidas.

Los Fridos

No ano seguinte, foi eleita membra do Seminário de Cultura Mexicana, um órgão público subordinado à Secretaria de Educação, cujo objetivo era promover a cultura nacional. Em 1943, Frida aceitou um convite para lecionar na Escola de Pintura e Escultura "La Esmeralda". A instituição empregava uma abordagem inovadora para a educação artística do país, que consistia em levar os alunos para a rua com o objetivo de se desapegarem de cópias e modelos, de forma que pudessem desenvolver estilos próprios, com base em suas convicções políticas e sociais.

Durante o Seminário, Frida também recomendou leituras marxistas e grupos de debate com figuras públicas como o próprio Diego Rivera.

No campo da educação, Frida descobriu outra paixão e continuou a lecionar mesmo quando sua saúde já não lhe permitia fazê-lo. Em certo momento, passou a dar aulas em casa, recebendo seus alunos mesmo muito enfraquecida. No início, muitos dos seus alunos compareceram, mas, em razão da distância, sobrou apenas um grupo pequeno composto por quatro estudantes, os quais ficaram conhecidos como "los Fridos": Guillermo Monroy, Fanny Rabel, Arturo Estrada e Arturo García.

Em 1946, Frida recebeu o prêmio nacional do Ministério Público da Educação por seu quadro *Moisés* (1945) — uma tela de médio porte, com 61 cm por 75,6 cm, repleta de simbologias que variam entre o passado mitológico do México, o sistema de crenças judaico-cristãs e um conjunto variado de figuras históricas como Karl Marx, Stálin, Lênin, Buda, Gandhi, Freud, Hitler e muitos outros ocupando o primeiro e o último terço da obra. Na porção central há um sol sobre um feto intrauterino, com um bebê Moisés flutuando no rio em seu cesto de palha. A obra investiga o núcleo da criação humana e o ciclo da vida e da morte.

Nessa fase de sua vida, a pintora renovou sua crença e esperança no comunismo. Em 1947, escreveu em seu diário: "A revolução é a harmonia da forma e da cor e tudo está e se move sob uma única lei: a vida. Ninguém se aparta de ninguém. Ninguém luta por si mesmo. Tudo é tudo e um".

Filiada ao Partido Comunista desde a juventude, em 1928, e decidiu voltar formalmente quase vinte anos depois. A partir de 1948, passou a destinar muito de sua vida e obra para a causa. A artista tinha fé no processo revolucionário e acreditava na luta coletiva, na qual encontrou uma razão existencial e espiritual que marcaram profundamente sua produção madura.

Mesmo debilitada, continuou pintando e teve um caso bastante sério com o escultor Isamu Noguchi, o que enfureceu Diego Rivera, resultando em outro breve divórcio. Mais um caso famoso de Frida foi com o pintor espanhol Josep Bartolí, nos últimos anos da década de 1940. Ao todo, Frida escreveu mais de cem páginas ao amante, entre 1946 e 1949, um conjunto de cartas que no século XXI foi leiloado por milhares de dólares.

Diego, mesmo sem se comprometer com qualquer tipo de fidelidade, não gostava que Frida tivesse casos com homens — ainda que se divertisse com as histórias de suas relações com outras mulheres. Os dois tinham uma vida conturbada e expansiva, sendo provavelmente o casal mais famoso da esfera cultural mexicana do período.

Constâncias na vida

Desde a época do acidente de bonde, a pintora utilizou de modo intermitente espartilhos de diversos materiais, mas especialmente de gesso, para corrigir sua postura. Eram peças desconfortáveis, mas importantes para a sua sustentação e a execução de suas atividades, de forma que teve de se habituar com o uso delas e, eventualmente, passou a customizá-las.

As artes feitas nos espartilhos eram tão detalhadas quanto seus próprios quadros, misturando retalhos e estampas com animais, pássaros e bondes — transformando-se em sua própria obra de arte. Essa era uma das muitas formas que Frida desenvolveu para lidar com o imenso sofrimento físico que a vida lhe imputara.

Junto à arte, o consumo de álcool e remédios de variados graus de potência também foram uma constante em sua existência. Além de doces e cigarros que, aliados à má higiene dental, apodreceram sua dentição ao longo dos anos, fazendo com que ela perdesse vários dentes que foram substituídos por próteses de diamantes e ouro.

Frida assistia à deterioração de seu corpo e não havia nada que pudesse fazer, além de transformar os remendos de seu frágil corpo em elementos da arte que tornou sua vida possível até esse ponto. Fosse nas telas ou em si mesma, transbordava.

O início da década de 1950 foi marcado por uma piora rápida e progressiva do estado físico da artista, que passou o ano 1950 praticamente inteiro acamada, com seu consumo de álcool, cigarros e outros narcóticos — especialmente morfina, para amenizar o sofrimento — tornando-se cada vez mais perigoso.

Diagnosticada com uma gangrena no pé e, após o longo repouso, foi submetida a diversas cirurgias dolorosas e a amputações de seus dedos — mas seguiu pintando e trabalhando. Por vezes, tentando se manter positiva, repetia: "Pés, para que os quero, se tenho asas para voar?".

Um antigo sonho

No ano de 1953, Frida concretizou um antigo sonho: realizou uma exibição individual em seu país, a única de sua vida. A exposição se deu no dia 13 de abril, na Galeria de Arte Contemporânea de Lola Álvarez Bravo.

Seus médicos a proibiram de ir até o local do evento, em razão da saúde frágil. Entretanto, a recomendação não a impediu de fazê-lo, pois seus amigos e vizinhos fizeram o poético gesto de levá-la em sua própria cama, que foi colocada em um caminhão e transportada até a galeria de arte. Tudo isso para que ela testemunhasse com os próprios olhos aquele que era, para Frida, o ponto alto de sua carreira.

A cama foi posicionada no meio da galeria, tornando-se ela mesma uma obra de arte, para além de uma artista. Em entrevista à revista *Time*, a pintora afirmou: "Eu não estou doente. Estou quebrada. Mas estou feliz por estar viva enquanto puder pintar". As fotografias disponíveis do evento deixam nítida a potência desse ato, uma espécie de canto do cisne de Frida Kahlo.

A artista, entretanto, ainda experienciou muitos infortúnios. Em agosto daquele mesmo ano, teve sua perna amputada na altura do joelho, devido às gangrenas. A amputação se revelou um golpe duríssimo, que a deprimiu severamente. Foi um período triste, sobre o qual ela relatou em suas notas pessoais: "amputaram-me a perna há seis meses, deram-me séculos de tortura e há momentos em que quase perco a razão. Continuo querendo me matar."

Essa não foi a primeira vez que o tema do suicídio apareceu na trajetória de Frida Kahlo. Debater a respeito da saúde mental da artista é, entretanto, sempre muito arriscado, ainda mais quando levamos em consideração o ponto em que esse debate estava na época em que ela viveu — mas não há dúvida que foi uma vida de muitos traumas e sofrimentos psíquicos que, àquela altura, já a haviam desgastado em demasia.

Na década de 1950, ela sofreria com overdoses e tentativas de interrupção da vida, alternadas com momentos de picos de criatividade e algum otimismo.

A despedida

Frida Kahlo viveu corajosamente o crepúsculo de sua existência. Dias antes de falecer, já tomada pela broncopneumonia que suspeitam tê-la levado a óbito, participou de um ato contra a deposição do presidente da Guatemala, Jacobo Árbenz Guzmán — deposição esta patrocinada pela *Central Intelligence Agency* estadunidense, a CIA. No evento, Frida exibiu joias, cabelo arrumado e vestido tehuana.

Foi também nessa época que ela concluiu a sua última pintura, *Viva la vida*, uma celebração da vida elaborada às vésperas de sua morte. Essa obra carrega ao mesmo tempo otimismo e revolta com relação ao trágico caminho da existência de Frida. Ela, que encerrou seu ciclo de vida na Casa Azul, também seu local de nascimento, fez deste quadro um adeus adequado à sua personalidade e biografia: autoral, denso e carregado de ambivalências.

Frida Kahlo faleceu no dia 13 de julho de 1954, aos 47 anos. Seu corpo foi velado no Palácio de Belas-Artes. Acredita-se que a *causa mortis* tenha sido embolia pulmonar, mas existe também a suspeita de suicídio.

Assim como sua vida, a morte de Frida foi um evento que movimentou o México e teve suas próprias polêmicas. Foi tradicionalmente mexicano ao mesmo tempo que vanguardista.

O Palácio de Belas-Artes da Cidade do México é um importante edifício neoclássico, no qual ocorreram alguns dos mais importantes eventos da história do país, além de ser bem próximo da Casa Azul.

Durante as cerimônias, o corpo de Frida foi disposto deitado, com suas joias e a tradicional vestimenta tehuana, tornando a honraria uma espécie de performance final da artista. Mais de seiscentas pessoas prestaram suas condolências no local, além de parentes, amigos e admiradores da pintora.

O evento foi embalado por muita musicalidade, celebrando a artista por intermédio de suas canções favoritas, ritmos tradicionais mexicanos e temas religiosos. Seus parentes também cantaram músicas folclóricas do país durante o funeral e a cremação.

Ocorreram duas procissões. Na primeira, colocaram sobre o caixão aberto uma bandeira comunista, estampada com uma foice e um martelo. O ato causou certa polêmica, mas Diego insistiu em mantê-la lá até o fim do velório. A segunda procissão foi em direção ao crematório, na qual os enlutados acompanharam a artista sob um céu chuvoso.

Frida certa vez disse, em seu diário: "Se existe vida após a morte, não me esperem, porque eu não vou". Provavelmente o disse sem saber a dimensão que sua vida e obra alcançariam. Diego Rivera morreu quatro anos depois e cedeu os direitos das obras de ambos os artistas ao governo mexicano para qual também doou a Casa Azul, onde viveram os últimos anos de suas vidas, e que hoje em dia é um museu dedicado a Frida, um local que recebe cerca de 25 mil visitantes mensais. Nada mais justo para a maior artista da história do México.

Obras notáveis

Como sabemos, Frida sempre trouxe elementos surrealistas para suas obras e, por volta da década de 1930, era muito comum tentarem enquadrá-la dentro do movimento.

Anos mais tarde, ela viria de fato a construir uma amizade com proeminentes membros do movimento surrealista, como o francês André Breton. Mas, quanto ao rótulo de artista surrealista, Frida tinha opiniões fortes: em primeiro lugar, dizia que suas obras tratavam de assuntos completamente diferentes, além de terem abordagens estéticas distintas.

Em suas memórias escritas, criticou o surrealismo: "Alguns críticos tentaram me classificar como surrealista; mas eu não me considero surrealista. [...] Eu detesto o surrealismo. Para mim, parece uma manifestação decadente de arte burguesa. [...] Eu quero que minha obra seja uma contribuição para a luta das pessoas em seu esforço pela paz e a liberdade."

A seguir, falaremos de algumas de suas obras mais notáveis entre toda a criação de sua vida.

Autorretrato em vestido de veludo (1926)

Esta obra foi um presente para Alejandro, seu primeiro namorado. É um quadro forte, feito da mesma maneira que os retratos mexicanos do século XIX, mas com contornos renascentistas. Na obra, Frida se representa com mares revoltos ao redor, olhar penetrante e um pescoço alongado à la Modigliani.

Considerando que se recuperava do acidente à época, a artista recusava-se a perder tempo retirando os pelos que nasciam sobre seus lábios e entre as sobrancelhas, então reforçou esses elementos na obra. Veste-se em tons fortes de vermelho e dourado, que remetem à arte folclórica mexicana.

Na obra, ela posa de forma similar à deusa Vênus no famoso *O nascimento de Vênus* de Botticelli. Uma referência apropriada para aquela que seria, para muitos, sua primeira obra como artista. Renascia ali Frida Kahlo.

Retrato de Luther Burbank (1931)

Do ponto de vista de sua produção, Frida daria um salto estilístico importante na sua arte com o *Retrato de Luther Burbank*. Essa obra foi realizada em São Francisco, em 1931, após uma visita de Frida à casa de Luther, que era um horticultor famoso por ter desenvolvido centenas de linhagens e variedades de plantas.

A relação simbiótica entre aquele homem e a natureza tocou profundamente Frida Kahlo. Em sua obra, podemos notar Luther em seu jardim, plantado como uma árvore e sendo nutrido por seu próprio cadáver, por meio de raízes. No quadro, ele segura, ainda, ramos de folhas largas e vistosas que parecem quase pertencer ao seu corpo — uma representação surreal de motivos da natureza.

Meu nascimento (1932)

No ano seguinte, Frida também pinta *Meu nascimento*, um quadro particularmente controverso que dialoga com a morte de sua mãe, que também acontece em 1932. Nele, Matilde aparece coberta da barriga para cima, como se tivesse morrido em posição de parto, com a cabeça de Frida saindo de sua vulva, enquanto há sangue escorrendo. Sobre elas, paira uma imagem da Nossa Senhora das Dores. Remete tanto à depressão pós-parto que acometeu sua mãe, quanto ao abandono materno e solidão que Frida carregara consigo por toda a sua vida.

Umas facadinhas de nada (1935)

A tela foi pintada logo após Frida ler no jornal a respeito de um caso brutal de feminicídio que a revoltou profundamente. Segundo a polícia, o agressor matou sua esposa com vinte facadas, mas, em sua defesa, disse apenas ter feito "alguns furinhos" — daí o nome da obra, que retrata de modo cru e sanguinário a cena do crime, sobre a qual duas pombas carregam uma fita com as palavras do assassino. O homem sorri e guarda um lenço sujo de sangue, pois sabe que sairá impune.

Autorretrato dedicado a Leon Trótski (1937)

Um episódio marcante ocorrido na vida de Frida foi a chegada de Leon Trótski e sua esposa, Natalia Sedova, ao México.

Frida e Diego Rivera receberam o casal quando Trótski buscava asilo político; à época, estava sendo perseguido pela União Soviética.

Essa aproximação rendeu a obra *Autorretrato dedicado a Leon Trótski*.

No quadro, Frida aparece em uma postura ereta, expressando serenidade em seu rosto e segurando um envelope nas mãos. No envelope, está uma dedicatória que diz: "Para Leon Trótski, com todo meu amor, dedico este retrato no dia 7 de novembro de 1937. Frida Kahlo. Em San Ángel, México.". A data em questão é o aniversário da Revolução de Outubro, liderada por Trótski.

O que a água me deu (1938)

Em 1938, Frida Kahlo realizou sua primeira exposição individual, ocorrida na Julien Levy Gallery, em Nova York, que gerou burburinho e boas críticas na imprensa local, além de ter vendido metade das obras ali expostas.

Desse evento, destaca-se o quadro *O que a água me deu* — uma pintura de caráter biográfico. Nele, vemos ao fundo a ponta dos dedos dos pés de Frida saindo de uma banheira, onde se refletem na água por onde desce a tela e se transforma em um mapa fantasioso da alma da artista. Neste oceano privado, podemos ver um prédio saindo de um vulcão, duas amantes, um náufrago, Guillermo e Matilde (seus pais), assim como diversos objetos e criaturas em contornos surreais. É possível ver ali relances de seu mundo, que repousa ocultando quase completamente as pernas sobre as quais sua representação flutua.

As duas Fridas (1939)

A obra *As duas Fridas* é, para muitos, a obra-prima de Frida Kahlo — além de ter sido a maior tela de sua carreira em termos de escala. Frida costumava pintar quadros pequenos, mas essa é uma obra ampla, em tinta a óleo sobre uma tela de 1,73 metro de largura por 1,73 metro de altura.

Trata-se de um autorretrato duplo, com duas representações de corpo inteiro da artista, ao ar livre, emolduradas por um céu caótico e nebuloso. Uma delas, que está na porção esquerda da tela, usa um vestido branco de tipo europeu com renda bordada, rasgado no lado esquerdo por um peito que se abre. A peça de roupa tem gola alta, mangas em camadas e pequenas flores vermelhas bordadas na barra do vestido. Sua postura é rígida e se soma a ombros tensos.

A outra Frida veste um tradicional vestido tehuana, o favorito de Diego, colorido em tons de amarelo, azul e mostarda, que é tipicamente mexicano, em referência à sua herança de Oaxaca — e essa outra representação tem a postura e os ombros mais relaxados em comparação com a outra. Uma é tematicamente americana, com pele à mostra, ao passo que a outra é europeizada e seu vestido a cobre como uma malha de aço — a Frida em trajes mexicanos não posa de forma tradicional e podemos ver suas pernas abertas sob o vestido.

As duas Fridas dividem apenas um coração, com as suas veias e artérias envolvendo-se e interligando-as. Podemos notar que elas estão de mãos dadas, representando uma espécie de ciclo. A Frida europeizada usa uma tesoura para cortar a artéria que está à altura de sua pélvis, manchando a saia de vermelho. A artéria cortada remete a um cordão umbilical — assim como o sangue próximo à virilha faz uma possível alusão a um aborto ou a um nascimento. A outra Frida segura um pequeno retrato oval de Diego Rivera quando criança, ligado ao coração por uma veia. Ambas são dotadas de um olhar sombrio e parecem tentar reconfortar-se diante de um vasto sofrimento e refletir duramente sobre fatos da vida.

Diego e eu (1949)

Na obra, vemos Frida no primeiro plano, com os cabelos armados, cujos longos fios pretos estão enrolados em seu pescoço, como que a estrangulando. Seu rosto está sério e sobre as icônicas sobrancelhas da artista está um pequeno retrato de Diego, como um terceiro olho em sua testa. É um autorretrato enervante que representa a relação ambivalente entre eles que, se por um lado se amavam profundamente, por outro vivam uma situação de obsessão mútua.

Nessa tela, Diego ocupa os pensamentos de Frida e toma protagonismo. Já ela derrama lágrimas e tem o olhar entristecido. A relação de dependência e o sofrimento de amar alguém como Diego fica explícita, na mesma medida que a obsessão por seu parceiro parece sugerir uma um destino malfadado. Trata-se de um quadro de pequenas proporções e aspecto inquietante, que não pretende evocar nenhum sentimento alegre.

Em novembro de 2021, o autorretrato *Diego e eu* foi vendido por 35 milhões de dólares. A venda da obra quadruplicou o recorde da artista e ultrapassou Diego Rivera como a obra de arte latino-americana mais cara já vendida e a segunda obra mais cara vendida por uma artista mulher.

Viva la vida (1954)

Viva la vida é uma obra do gênero natureza-morta, na qual Frida pinta diversas melancias. As frutas são pintadas em tons diversos de verde, e o vermelho do interior das frutas é de um tom vívido. Ao fundo é possível vislumbrar um céu repleto de nuvens claras e azul profundo. O chão é de terra e as frutas se espalham por ele. Na fatia mais à frente se lê a frase "*Viva la vida* — Frida Kahlo. Coyoacán, 1954, México".

É uma pintura alegre e esperançosa. Também foi a última pintura da artista, que morreu cerca de oito dias após sua conclusão.

2

CONTEXTO HISTÓRICO

"Sinto-me mal, e ficarei pior,
mas vou aprendendo
a estar sozinha e isso já
é uma vantagem
e um pequeno triunfo.
Eu pinto flores para
que elas não morram."

Frida Kahlo

A Revolução Mexicana foi um período importante para a formação intelectual e artística de Frida Kahlo, que foi contemporânea deste processo. A revolução teve início em 1910, quando Frida tinha apenas três anos de idade, e é considerada um ponto de virada e combate à opressão sofrida em especial pelas camadas mais pobres da população e pelos opositores ao Porfiriato, nome pelo qual era conhecido o regime ditatorial do general Porfírio Díaz. Mas, antes de nos aprofundarmos no evento em si, é fundamental entendermos o contexto sociocultural do país àquela época.

A colonização do México

A história colonial do México começou em 1519 e se estendeu até meados de 1821. Durante o período, o país passou por violentas guerras de dominação, além de genocídio e pestes. A economia e a sociedade se construíram de maneira a explorar a população nativa e financiar as elites locais e a metrópole, roubando recursos naturais em larga escala. Com a independência, em 1821, seriam apenas as elites locais, não mais a Espanha, que colheriam os louros da exploração do trabalho e recursos naturais do país. Isso significa que o México teve exclusivamente governos ligados à infraestrutura colonial de poder, mesmo após proclamar sua independência — deixando de lado diversas questões que geravam revolta entre o povo mexicano em geral.

Dentre essas questões, havia o fato de que a população não era efetivamente livre para decidir os rumos políticos do país, a desigualdade social era severa e, além disso, quaisquer demandas indígenas eram descartadas pelo governo. Na verdade, desde a chegada dos europeus ao continente, séculos antes, os povos autóctones da região sofreram com políticas de extermínio e segregação.

Após a independência, no século XIX, sofreriam de forma similar nas mãos dos governos locais, um fato que não mudaria no mesmo compasso que os modelos de gestão do país, agora uma república. Os povos indígenas não eram incluídos nas decisões políticas do país e estariam relegados à condição de pobreza, apesar de serem maioria numérica.

A Revolução Mexicana

A Revolução Mexicana foi resultado, portanto, não apenas de um imenso desgosto popular com relação ao ditador Porfírio Díaz — o qual, além de se mostrar insensível aos problemas sociais, também pesara a mão em favor dos latifundiários e das mineradoras, fato que enriqueceu ainda mais as elites de um país de maioria pobre e analfabeta. Ele representava, a seu modo, essas contradições sociais que haviam constituído o México até então, e a injustiça social era uma pauta comum aos opositores do regime àquela altura, endossando o espírito insurgente.

A insatisfação popular culminou na união de movimentos camponeses, grupos de oposição, maçons, políticos de esquerda e líderes caudilhos, estes últimos, chefes militares com ideais tradicionalistas. Essa união nasceu com o intuito de pensar um caminho para a derrocada de Díaz e chegar ao poder coletivamente. Mesmo com abordagens diferentes, esses grupos lutaram para combater a desigualdade social do país.

Em 1908, começaram a se estruturar clubes democráticos que propunham eleições diretas e livres no país. Essa união, inicialmente reformista, foi, aos poucos, ganhando viés cada vez mais revolucionário. A reforma agrária tinha se tornado uma pauta prioritária, sendo que alguns integrantes do movimento passaram, inclusive, a pegar em armas.

Duas figuras se destacaram nesse processo: Emiliano Zapata e Pancho Villa, principais líderes da Revolução Mexicana, considerados heróis nacionais por muitos mexicanos. Zapata seria o responsável por comandar o Exército Libertador do Sul contra os latifundiários que monopolizavam recursos hídricos e terras. Já Pancho seria conhecido como "o amigo dos pobres" e, além de ter apoiado o futuro presidente Francisco Madero, era cabeça de um exército próprio, ao norte do México, formado em sua maioria por indígenas e lideranças militares de origem camponesa.

No ano de 1911, o país estava um barril de pólvora: as ruas foram tomadas por trabalhadores, e os campos, por camponeses. Não demoraria para, enfraquecido, Porfírio Díaz renunciar à presidência e fugir exilado para a Europa.

O primeiro golpe de Estado

Com o cargo deixado por Porfírio, quem assumiu foi Francisco Madero, que logo abriu mão dos planos de reforma agrária e perdeu apoio de aliados. Então, em 1913, um golpe de Estado foi organizado pelos militares sob a liderança do general Victoriano Huerta — que assassinou Madero e seu vice.

Esse novo governo, entretanto, também era fraco, de forma que o próprio Huerta, ainda que tivesse o apoio dos conservadores, sofreria diversas tentativas de golpe. Teve início então um processo de perseguição, no qual Pancho foi condenado à morte, mas fugiu para os Estados Unidos, onde passou a apoiar Venustiano Carranza — novo opositor, representante do Partido Liberal Constitucionalista. A realidade era que o México estava a poucos instantes de implodir em uma guerra civil.

Uma aliança poderosa unindo Zapata, Pancho, Venustiano e Álvaro Obregón (futuro presidente do país) se formou, reunindo mais de 40 mil soldados contra a ditadura de Huerta. Foi então que conseguiram se articular em definitivo com o movimento revolucionário e eleger um novo presidente, em 1914, Venustiano Carranza que tomou posse do cargo em 1915.

Pancho rompeu com Venustiano e retomou a luta armada, mas o país ainda seguiu desestabilizado por algum tempo. Carranza, com apoio do exército dos Estados Unidos, entretanto, conseguiu suprimir as forças de Pancho e frear as reformas exigidas por suas fileiras, condenando o "amigo dos pobres" a uma vida em fuga, até sua morte, em 1923.

Uma nova Constituição

Três anos depois do início das revoltas, em 1917, foi promulgada uma nova Constituição, e Carranza, naquele ano, se tornaria o primeiro presidente eleito por ela. Nessa época, Frida completava seus dez anos, em um México profundamente transformado por lutas sociais e conflitos armados — os quais ela dizia orgulhosamente ter testemunhado, autodenominando-se uma "filha da revolução", um evento histórico que traria ao país uma espécie de renascimento nos anos seguintes, do qual ela mesma participaria.

Frida cresceu em meio a tiroteios e conflitos populares de camponeses armados — existem relatos de que ela chegou a assistir à sua mãe oferecendo comida e ajuda aos zapatistas quando eles estiveram em Coyoacán.

Os conflitos cessaram de fato em 1920, com a ascensão de Álvaro Obregón à presidência, trazendo estabilidade política em um país que sofria com os resultados diretos de um conflito civil em larga escala.

A família Kahlo, por exemplo, passava por severas dificuldades financeiras. O pai de Frida, Guillermo, que fora um fotógrafo bem-sucedido antes da Revolução Mexicana — tendo sido frequentemente contratado pelo governo —, passou dez anos em meio a dificuldades para encontrar trabalho. Na época, os Kahlo chegaram até mesmo a vender a mobília da casa para sobreviver.

A vida no México começou a melhorar por volta de 1925, considerado o ano de início de um renascimento cultural no país, que presenciava, desde o começo da década, uma mudança nas relações entre o povo e a arte local. Nesse momento, Frida vivia seus dezoito anos cercada de referências culturais que retratavam diretamente temas como justiça social e identidade nacional — havia uma vontade de descolonizar a arte mexicana, desprendendo-se das estéticas europeias a fim de popularizar visões nativas. O movimento de maior destaque era, sem dúvida alguma, o muralismo — com o sucesso internacional de artistas como José Clemente Orozco, David Alfaro e Diego Rivera.

Frida e Trótski

Para entendermos como um dos líderes mais importantes da Revolução Russa foi parar no lar de Frida Kahlo e Diego Rivera, precisamos de algum contexto histórico a respeito da distribuição de poder nos altos escalões da URSS durante a Revolução Russa de 1917: havia três lideranças principais, sendo elas Vladimir Lênin, Josef Stálin e Leon Trótski. Lênin foi a grande face da revolução e seu primeiro governante. Já Stálin e Trótski foram seus mais importantes aliados, mas tinham fortes divergências ideológicas e práticas entre si, que os levava a constantes embates.

Tal rivalidade se agravou durante a Guerra Civil Russa, especialmente em razão de discordâncias sobre a composição do Exército Vermelho. Stálin preferia comandantes leais; já Trótski, o encarregado do exército, queria incluir antigos oficiais do exército imperial, o que resultou em conflitos diretos entre ambos. Apesar de esses conflitos não terem saído do controle de Lênin durante sua gestão, sua saúde, por outro lado, começou a se deteriorar e ele faleceu em 1924, deixando o partido dividido. Em 1927, Josef Stálin atacou e ascendeu à liderança, quando não tardou a expulsar Trótski do partido e da URSS.

Durante o exílio, Trótski passou a fazer oposição a Stálin, fundando a Quarta Internacional e aumentando seu status de ameaça. Com medo de uma potencial guerra ou de que ele manchasse a imagem da URSS e dificultasse suas relações internacionais, Stálin encomendou o assassinato de Trótski. Este, que já tinha a cabeça colocada a prêmio pelos nazistas havia algum tempo, viveria seus últimos anos em risco, exilado e sob perseguição. Assim, o México viria a ser seu último lar.

O presidente do país à época, Lázaro Cárdenas, convidou o político jurado de morte para exilar-se por ali. Diego e Frida, militantes comunistas filiados por praticamente toda a vida, fizeram então uma solicitação ao governo mexicano, que surpreendentemente foi acatada: convidaram o revolucionário russo perseguido para morar em sua casa.

Frida e Diego se utilizavam da iconografia comunista nas suas obras, portanto não é de se estranhar que tenham oferecido asilo para o antigo líder do Exército Vermelho. Eles eram simpáticos às ideias de Trótski, influentes no país e dotados da infraestrutura necessária para recebê-lo. Então, os arranjos foram feitos para que enviassem Leon Trótski e Natália Sedova, sua esposa, ao lar dos artistas. Frida os recebeu em Tampico, na costa leste do México, em 9 de janeiro de 1937, e seria uma dedicada anfitriã por aproximadamente seis meses.

A pintora desenvolveu grande afeto pelo revolucionário, trocando cartas constantes mesmo após ele se mudar. Em 1937, o presenteou com a obra mencionada anteriormente, *Autorretrato dedicado a Leon Trótski*. Houve muitos rumores sobre um possível caso entre os dois, mas que foram tão difundidos que geraram ficções sobre o tema. Sobre esse suposto romance, portanto, não há como saber se de fato aconteceu ou qual teria sido a extensão da relação entre os dois, além de que teria sido breve e objeto de provocações entre ela e Diego.

3

LEGADO

"Não creio que as margens de um
rio sofram por deixá-lo correr."

Frida Kahlo

Em 2023, ocorreu a maior exposição mundial a respeito da vida e da obra de Frida Kahlo. A exposição imersiva "Frida Kahlo: uma biografia imersiva", que foi desenvolvida na Espanha e recebeu um amplo público. No Brasil, a exposição passou por Salvador, Rio de Janeiro e São Paulo e centenas de milhares de brasileiros visitaram os mais de treze ambientes que contaram com filmes, instalações artísticas, obras digitais, acervo fotográfico, réplicas de suas roupas e, é claro, muitas de suas obras.

Essa foi a mais recente de múltiplas exposições a respeito da artista, mas é particularmente emblemática por não se tratar da obra de Frida — o tema abordado foi ela mesma. Isso nos dá pistas sobre a relação que existe entre o público e sua arte, indissociável daquilo que ela representa como indivíduo.

A figura do artista que alcança a verdadeira fama anos após sua morte é bastante comum, em especial entre artistas mulheres. Foi assim com a poeta americana Emily Dickinson, a escritora britânica Mary Shelley e, também, com Frida.

Só em 1983, quando Hayden Herrera, importante historiadora da arte publicou o livro *Frida: a biografia*, o grande fascínio coletivo sobre Frida teve início. A historiadora também integraria a redação do filme *Frida*, de 2002 (estrelado por Salma Hayek), e os documentários *Vida e obra de Frida Kahlo*, de 2005, e *Frida*, de 2024. Sem os esforços e o interesse de Herrera em investigar e divulgar a biografia da artista, a fama de Frida, hoje reconhecidamente a artista mais importante da história do México, provavelmente seria muitíssimo menor; assim, sua contribuição intelectual para o mundo não é trivial.

É possível afirmar, entretanto, que esse olhar biográfico em excesso sobre a artista é uma faca de dois gumes que, à medida que estimula a aproximação do público, também o aliena. Frida, o ícone pop, é muito diferente de quem quer que tenha sido Frida, o ser humano. Hoje a distinção entre essas facetas é impossível de ser feita por completo — assim como ocorre com muitos outros artistas de hoje e de ontem. Por outro lado, entende-se que o mito em torno de sua figura começa a ser construído a medida que seu nome e suas obras se tornaram conhecidos em diferentes países.

Ainda em vida, a artista despertou interesse vindo de muitos lugares do mundo: feministas alemãs, imigrantes mexicanos nos Estados Unidos e até mesmo algumas das personalidades políticas, artísticas e intelectuais mais importantes de sua época. Também foi significativo o fato de ter incorporado, de modo único, elementos notavelmente artísticos, folclóricos e políticos à sua imagem, fato que contribuiu para o entendimento de Frida, tanto como artista quanto como figura pública, enquanto alguém singular e destemidamente original.

As várias fontes biográficas são outro fator que contribuiu para a popularização de sua imagem e obra, a ponto de tornar sua imagem comercializável — algo que é uma contradição inexorável, e que provavelmente suscitaria a reflexão da própria Frida, se estivesse viva.

Desde elementos menos conhecidos, como sua ancestralidade, a infância passada na Casa Azul em Coyoacán, a importância da Revolução Mexicana para a história de Frida, os anos de formação na Escola Nacional Preparatória do Distrito Federal do México com os "Cachuchos", até fatos históricos imediatamente associados à trajetória de Frida, como o acidente de bonde, os diversos problemas de saúde que a levaram a pintar, e também a relação com Diego Rivera, a Mexicanidad, a vida intelectual e os debates políticos do século XX — todos esses temas compõem a identidade multifacetada de Frida e influenciaram sua produção artística.

Outro aspecto importante e necessário para desvendar o "fenômeno Frida Kahlo" é o quanto suas pautas se relacionam com as bandeiras defendidas pela esquerda contemporânea: capacitismo, feminismo, desafio às normas de gênero e heterossexualidade compulsória, busca por uma ancestralidade nativo-americana independente de amarras coloniais ou eurocêntricas e, é claro, discurso anticapitalista. Mal sabia Frida o nível de importância que ela alcançaria no século XXI por conta de seus posicionamentos, tão presentes em sua obra.

Em certa ocasião, a pintora disse: "Eu costumava achar que era a pessoa mais estranha do mundo, mas aí pensei: tem que ter alguém como eu, que se sinta bizarra e imperfeita, da mesma maneira como eu me sinto". Sem sombra de dúvida, sua obra chegou até muitas pessoas que se sentiam e se sentem exatamente dessa maneira. Para além de exposições, livros e filmes — Frida, com toda a sua dimensão ideológica, inspirou movimentos, coletivos artísticos e políticos, ONGs, fundações, páginas de conteúdo on-line, apresentações teatrais e muitos, muitos artistas, em especial mulheres.

É impossível medir a extensão de seu legado sobre o mundo, mas é fácil afirmar que é imenso. Uma grande inspiração para qualquer um que a encontre, Frida Kahlo é simplesmente incontornável.

Bibliografia

DE SOUZA, A. M. A. *Frida Kahlo: imagens (auto)biográficas*. Dissertação (Mestrado em Literatura). Centro de Comunicação e Expressão. Programa de Pós-Graduação em Literatura. Florianópolis, UFSC, 2011. Disponível em: https://repositorio.ufsc.br/xmlui/handle/123456789/95878. Acesso em 09 jun. 2024.

HERRERA, H. *Frida: a biografia*. São Paulo: Globo, 2011.

HESSE, M. *Frida Kahlo: uma biografia*. Porto Alegre: L&PM, 2018.

MACEDO, V. F. de P. *Frida Kahlo: entre chagas e borboletas*. Dissertação (Mestrado em Artes). Instituto de Artes. Campinas: Unicamp, 2008. Disponível em: https://repositorio.unicamp.br/acervo/detalhe/434045. Acesso em: 09 jun. 2024.

SCHATZ, K.; FARIA, J.; STAHL, M. K. *Mulheres incríveis*. Bauru: Astral Cultural, 2017.

Vídeos:

BIOGRAPHICS. **Frida kahlo: World–renowned artist who overcame polio**. Disponível em: https://www.youtube.com/watch?v=FuhCy01YU3E. Acesso em: 22 out. 2024.

BLIND DWELLER. **To feel the pain of Frida kahlo (full documentary)**. Disponível em: https://www.youtube.com/watch?v=Xj5jt7y3B6w. Acesso em: 22 out. 2024.

EXPLAINED, G. A. **Frida kahlo's 'the two fridas': Great art explained**. Disponível em: https://www.youtube.com/watch?v=rxKR2cHmlPY. Acesso em: 22 out. 2024.

STECHLER, A. **Vida e Obra de Frida Kahlo**, 2 mai 2005.

TAYMOR, J. **Frida**. Miramax Films, 4 abr. 2003.

TROILO, G. **Frida. Viva la vida**, 11 nov 2019.

YORSTON, G. **Frida kahlo - A life of pain - biographical documentary**. Disponível em: https://www.youtube.com/watch?v=vEt0f2xzB54. Acesso em: 22 out. 2024.

Artigos e websites:

ALMEIDA, F. **Frida Kahlo: as pinturas mais caras da artista que faria 115 anos hoje**. Disponível em: https://forbes.com.br/forbes-mulher/2022/07/frida-kahlo-as-pinturas-mais-caras-da-mexicana/. Acesso em: 22 out. 2024.

AMERICANA, V. Vida Americana: Mexican muralists remake American Art. **Panorama**, 2020. Disponível em: https://whitney.org/exhibitions/vida-americana. Acesso em: 22 out. 2024.

PAULINO, R. **Frida Kahlo: Biografia e Obra**. Disponível em: https://arteeartistas.com.br/biografia-da-artista-frida-kahlo/. Acesso em: 22 out. 2024.

ANTELO, F. Pain and the paintbrush: The life and art of Frida kahlo. **AMA journal of ethics**, v. 15, n. 5, p. 460–465, 2013.

ARTS, G. **Frida Kahlo em Paris**. Disponível em: https://artsandculture.google.com/story/LgUh85WrSrdVLw?hl=pt-BR. Acesso em: 22 out. 2024.

ARTS, G. **O relacionamento de Frida Kahlo com o próprio corpo**. Disponível em: https://artsandculture.google.com/story/EQICSfueb1ivJQ?hl=pt-BR. Acesso em: 22 out. 2024b.

Autorretrato dedicado a Leon Trotsky, 1937. Disponível em: https://artsandculture.google.com/story/aQJSTAMvX_lCLw?hl=pt-BR. Acesso em: 22 out. 2024.

BARREIROS, I. **Amor comunista: O polêmico romance entre Frida Kahlo e Trótski**. Disponível em: https://aventurasnahistoria.com.br/noticias/reportagem/amor-comunista-o-romance-entre-frida-e-trotski.phtml. Acesso em: 22 out. 2024.

BBC NEWS BRASIL. A vida secreta de Frida Kahlo. **BBC,** 30 jul. 2018.

BOLAÑO, E. **Unos cuantos piquetitos**. Disponível em: https://historia-arte.com/obras/unos-cuantos-piquetitos. Acesso em: 22 out. 2024.

BRITO, C. **5 fatos curiosos sobre a morte do revolucionário Leon Trotsky**. Disponível em: https://revistagalileu.globo.com/Sociedade/Historia/noticia/2019/08/5-fatos-curiosos-sobre-morte-do-revolucionario-leon-trotsky.html. Acesso em: 22 out. 2024.

BROOKS, D. Herói ou assassino? 6 momentos da história de Pancho Villa, líder da Revolução Mexicana morto com 150 tiros há um século. **BBC**, 13 ago. 2023. Disponível em: https://www.bbc.com/portuguese/articles/c515ne4nelko. Acesso em: 22 out. 2024.

CASA FRIDA, A. **"Viva la Vida" de Frida Kahlo - 1954**. **acasafrida**, 11 out. 2021. Disponível em: https://www.acasafrida.com.br/single-post/viva-la-vida-de-frida-kahlo-1954. Acesso em: 22 out. 2024

D'ANGELO, H. **Quando Frida Kahlo e Leon Trótski tiveram um romance**. Disponível em: https://revistacult.uol.com.br/home/frida-kahlo-e-leon-trotski-tiveram-um-romance/. Acesso em: 22 out. 2024.

DE ARTE MODERNO, M. **As Duas Fridas, 1939**. Disponível: https://artsandculture.google.com/story/as-duas-fridas-1939/_wJCem8xJOWKLw?hl=pt-BR. Acesso em: 22 out. 2024.

DE CULTURA, S. Frida Kahlo; el dolor de una existencia hecho arte. Disponível em: https://www.gob.mx/cultura/articulos/frida-kahlo-el-dolor-de-una-existencia -hecho-arte?idiom=es. Acesso em: 22 out. 2024.

DE LA CULTURA, I. T. **The early work of Frida kahlo**. Disponível em: https://artsandculture.google.com/story/the-early-work-of-frida-kahlo-instituto-tlaxcalteca-de-la-cultura/xQXxFe0aE0y3KQ?hl=en. Acesso em: 22 out. 2024.

DUQUE, K. **Clássicos da Arquitetura: Casas-Museu de Frida Kahlo e Diego Rivera / Juan O´Gorman**. Disponível em: https://www.archdaily.com.br/br/791272/classicos-da-arquitetura-casas-museu-de-frida-kahlo-e-diego-rivera-juan-o-gorman. Acesso em: 22 out. 2024.

Estridentismo - Detalle de Estéticas y Grupos - Enciclopedia de la Literatura en México - FLM. Disponível em: http://www.elem.mx/estgrp/datos/30. Acesso em: 22 out. 2024.

GIANTOMASO, I. **Feminismo e Frida batem recorde de buscas no Google no Brasil**. Disponível em: https://arte.

estadao.com.br/focas/capitu/materia/feminismo-bate-recorde-de-buscas-no-google-no-brasil-frida-e-a-mulher-mais-pesquisada. Acesso em: 22 out. 2024.

June 27, 1954: Elected Guatemalan leader overthrown in CIA. Disponível em: https://www.zinnedproject.org/news/tdih/jacobo-arbenz-guzman-deposed/. Acesso em: 22 out. 2024.

LEMUS, V. **América Latina e Modernismo: o caso mexicano**. Disponível em: https://outraspalavras.net/poeticas/modernismo-na-america-latina-o-curioso-caso-mexicano/. Acesso em: 22 out. 2024.

LOPES, M. **Amores de Frida Kahlo: conheça detalhes das relações secretas da artista mexicana**. Disponível em: https://www.ibahia.com/exposicaofridakahlo/amores-de-frida-kahlo-conheca-detalhes-das-relacoes-secretas-da-artista-mexicana. Acesso em: 22 out. 2024.

Maior mostra imersiva sobre Frida Kahlo chega a São Paulo. Disponível: https://casacor.abril.com.br/arte/maior-mostra-imersiva-sobre-frida-kahlo-sao-paulo/. Acesso: 22 out. 2024.

MARANZANI, B. **How a horrific bus accident changed Frida kahlo's life**. Disponível em: https://www.biography.com/artists/frida-kahlo-bus-accident. Acesso em: 22 out. 2024.

MARINES, M. **"Los Fridos": Exposición reúne a los cuatro discípulos de la pintora inmortal**. Disponível: https://vanguardia.com.mx/vida/los-fridos-una-genesis-permanente--los-cuatro-discipulos-de-la-pintora-inmortal-AMVG3401515. Acesso: 22 out. 2024.

MODELLI, L. Frida Kahlo: como mexicana se tornou uma das mulheres mais conhecidas do mundo? **BBC**, 2 jul. 2017. Disponível em: https://www.bbc.com/portuguese/geral-40471454. Acesso em: 22 out. 2024.

MONCLOU, C. R. **Tehuana Woman**. Disponível em: https://latinamericanpost.com/life/entertainment-en/tehuana-woman--cultural-icon-of-femininity-and-empowerment-in-mexico/. Acesso em: 22 out. 2024.

O affair entre Trotsky e Frida Kahlo. **Revista Piauí**, 24 jan. 2012. Disponível em: https://piaui.folha.uol.com.br/o-affair-entre-trotsky-e-frida-kahlo/. Acesso em: 22 out. 2024

POLIAKOVA, S. **Por que Stálin mandou assassinar Leon Trótski?** Disponível em: https://br.rbth.com/historia/87702-stalin-mandou-assassinar-trotski. Acesso em: 22 out. 2024.